(D'après M. Quérard, Clovis de Mauls est le pseudonyme de M. Louis-Amédée de Bast.)

LES

DUCS D'ALENÇON.

Pour paraître prochainement :

LES COMTES D'EU.

Paris. — Imprimerie Dondey-Dupré, rue Saint-Louis, 46, au Marais

LES

DUCS D'ALENÇON,

PAR

CLOVIS DE MAULE.

..... Se tu segui tua stella,
Non puoi fallire a glorioso porto,
Se ben m'accorsi ne la vita bella.

DANTE

Sois fidèle à ton étoile, ô enfant, la gloire ne peut manquer d'être la compagne de ta vie.

PARIS.

1, RUE DES GRANDS AUGUSTINS.

—

1844

LES

DUCS D'ALENÇON.

..... Se tu segui tua stella,
Non puoi fallire a glorioso porto,
Se ben m'accorsi ne la vita bella.

DANTE.

Sois fidèle à ton étoile, ô enfant, la gloire ne peut manquer d'être la compagne de ta vie.

A l'époque où la France comptait autant de souverainetés que de provinces et de villes, le comté d'Alençon appartenait à l'illustre et antique maison de Bellesme. Puissante par le nombre de ses châteaux et par l'importance de ses cités; fière de ses alliances avec le sang royal, cette race, qui touchait au berceau de la monarchie, s'éteignit tout à fait.

La Neustrie, cédée à Rollon, chef des Normands, par Charles le Simple, en 912, perdit à jamais les traces des mœurs celtiques et des institutions romaines et franques. Rollon ayant été assassiné, et son fils, Guillaume Longue-Épée, ayant éprouvé le même sort, Richard Ier, fils de ce dernier duc, hérita, à l'âge de dix ans, des vastes possessions de son aïeul et de son père. A sa majorité, Richard, jaloux de rémunérer les services que lui avait rendus Yves de Creil, lui donna l'Alençonnais et les terres situées depuis le Mêle-sur-Sarthe jusqu'à Domfront, y compris le Passaie et les dépendances du Mêle, d'Argentan, de Séez et d'Essoi, à la seule condition d'élever deux forteresses, l'une à l'embouchure de la Briante au sud-ouest d'Alençon, l'autre sur les rochers de Domfront, pour opposer une digue formidable aux excursions des Angevins et des Manceaux, et à charge de rendre hommage à lui seul, duc de Normandie.

Yves ne tarda pas à joindre d'autres terres à ces domaines déjà si étendus ; il s'empara du comté du Perche, qui comprenait Verneuil, l'Aigle et Mortagne, et le réunit aux seigneuries de Bellesme et d'Alençon. Guillaume Ier de Bellesme, son fils, ayant pris le nom de Taluas, augmenta encore ces possessions, en y ajoutant les terres du Perche et les environs de Bellesme, de Séez, d'Argentan et du Passaie ; et de 1020 à 1086, il fit construire les châteaux d'Alençon, de Séez, du Mêle, de Bellesme et de Domfront.

Robert Ier de Bellesme, Guillaume, duc de Bellesme, surnommé Taluas le Cruel, gouvernèrent avec des fortunes diverses cette vaste étendue de pays.

Mabile de Bellesme, fille de Taluas le Cruel, hérita des seigneuries d'Alençon et du Perche; et par son mariage avec Roger de Montgommery, favori de Guillaume, duc de Normandie, transporta dans cette maison ses immenses domaines. Alors commença la puissance de la maison de ce nom, qui donna cinq seigneurs à Alençon : Roger, Robert II, Guillaume III, Jean Ier et Robert III. Le fils de Roger, Robert II, est plus connu sous le surnom de Robert le Diable, que sa turbulence, ses guerres continuelles avec les Anglais, les Manceaux et le comte de Mortagne, et surtout ses actes de violence, lui firent décerner par les peuples. Robert le Diable, usurpant le titre de comte, que possédait son beau-père, Guy de Ponthieu, fut le premier des seigneurs de Bellesme et d'Alençon qui s'intitula comte d'Alençon.

Robert le Diable, qui commandait l'arrière-garde à la bataille de Tinchebray, où le duc de Normandie fut battu par Henri Ier, roi d'Angleterre, ne se conduisit pas loyalement dans cette rencontre. Robert devint ambassadeur de Louis le Gros, roi de France, auprès du monarque anglais. Henri Ier, bien que s'étant réconcilié avec le comte d'Alençon, le retint prisonnier, et le laissa mourir au château de Varrhans, en 1117. Henri octroya alors le comté d'Alençon à son neveu Thibault, comte de Blois, qui le céda à Étienne, comte de Mortain, son frère. Mais à la suite d'une victoire remportée sur le roi d'Angleterre à Hertie, près d'Alençon, Guillaume III de Bellesme-Montgommery, deuxième comte d'Alençon, rentra en possession de l'héritage de Robert le Diable, son père.

Jean Ier de Bellesme-Montgommery, son fils, lui succéda; et après avoir ardemment repoussé les Anglais, mourut en 1191, laissant à la tête du comté, Robert III de Bellesme-Montgommery, et non Jean II, son fils, qui ne vécut que deux mois. Robert III partit pour la croisade, et mit Jean III, sixième comte d'Alençon, en possession de son comté. Jean III mourut sans enfants. Robert III rentra dans la plénitude de ses droits, et mourut en 1217, laissant à son fils ses richesses. Ce fils mourut sans enfants, trois ans après, en 1220, et avec lui s'éteignit la maison de Bellesme et de

Montgommery, qui légua ses immenses possessions au pouvoir assez fort pour s'en emparer et s'y maintenir.

Traçons rapidement les faits qui se rattachent au comté d'Alençon.

Les efforts de nos rois depuis Hugues Capet tendaient constamment à faire rentrer dans l'unité de l'État les portions de territoire qui en avaient été successivement distraites sous le sceptre chancelant des descendants de Charlemagne. Il appartenait aux monarques français, ces fils aînés de l'Église et de la liberté, de briser les chaînes féodales que les grands vassaux de la couronne avaient forgées aux peuples, à l'aide des dissensions civiles de quatre siècles.

Philippe-Auguste, sous le règne duquel arriva l'extinction de la maison de Bellesme, était trop habile pour ne point profiter de cette heureuse circonstance. Déjà maître de la Normandie par confiscation, il réunit aux domaines de la couronne, par un simple arrêt de son conseil privé, enregistré au parlement de Paris, le comté d'Alençon, et se réserva de dédommager *à justice et à bon plaisir* les collatéraux ayant droit à une partie de la succession des seigneurs de Bellesme.

Ces collatéraux étaient Émeric de Châtellerault et Robert Mallet. Philippe-Auguste leur acheta, par contrat passé en 1220, Alençon et toutes ses dépendances du Perche et autres. Philippe-Auguste fut donc le septième comte d'Alençon. Un bailliage fut établi dans cette ville l'année même de son achat, et la justice fut rendue au nom du roi de France.

Les successeurs de Philippe-Auguste continuèrent patiemment l'œuvre de ce grand roi, et s'appliquèrent à concilier l'intérêt de l'État avec celui des héritiers.

Sous Louis VIII, un Geoffroy de Lusignan qui, par le chef de Clémence, sa femme, fille de Hugues, vicomte de Châtellerault, avait des droits incontestables sur le comté d'Alençon, abandonna par un titre authentique, que nous avons sous les yeux, les prétentions qu'il pouvait avoir. « Quitavi etiam Domino Regi et hæredibus suis in perpetuum, quidquid juris clamare et habere possum ex parte dictæ uxoris meæ, in toto eo quod tenet Dominus Rex de toto comitatu Alecionis et hanc quitationem fieri faciam à dicta uxore meâ. Actum, anno Domini 1224, mense maio. »

Louis IX, dont la probité royale se serait effarouchée à la seule idée d'une spoliation, obtint encore par une négociation *dextrement dirigée*, dit le naïf Joinville, la cession des droits que Marie, comtesse de Ponthieu, — bien qu'elle ne fût qu'au sixième degré tout au moins de Robert, dernier comte d'Alençon, — pouvait exercer sur le comté d'Alençon. Rien ne fut donc plus légitime que cette conquête pacifique de la couronne.

Pour rattacher plus étroitement à la patrie commune ces villes florissantes, ces fertiles provinces qui en avaient été si longtemps séparées, saint Louis décida que le titre de comte d'Alençon serait porté désormais par un fils de France.

Nos archives nationales conservent les lettres d'apanage et assignation de terres que le saint roi fit à Pierre, son quatrième fils, par lesquelles il lui donne, après son décès, Mortagne, Manves, Bellesme, la Perière; avec les forêts et dépendances, tant en fiefs que domaines, et tout ce qu'il a au comté du Perche, comme pareillement ce qu'il tient au comté d'Alençon, à la charge de tenir le tout par ledit Pierre, en hommage lige de la couronne de France, et au cas que ledit Pierre décède sans héritiers de son corps, que lesdites choses retourneront librement à ladite couronne.

Nous transcrivons cette pièce, document magnifique, preuve touchante et précieuse de la sollicitude de nos rois pour l'indépendance et la splendeur de la couronne (1).

Le saint roi confirma par plusieurs articles de son testament, qu'il dicta à Thunes, aux environs des ruines de Carthage, l'apanage de son fils bien-aimé.

Pierre est donc le premier prince de la maison royale qui ait porté le titre de comte d'Alençon. Philippe le Hardi, par lettres patentes du mois d'octobre 1277, confirma l'apanage établi par son père.

En 1281, Pierre, comte d'Alençon, mourut dans la Pouille en conduisant une armée formidable au secours de Charles, roi de Sicile, qui voulait tirer une vengeance éclatante du massacre des Français dans la funeste journée dite des *Vêpres siciliennes*. Par cette mort, le comté d'Alençon retourna à la couronne, et y resta annexé, jusqu'à l'avénement au trône de Philippe le Bel, qui en apanagea Charles de Valois, son frère (2).

Charles Ier fit ériger Alençon et ses dépendances en comté-pairie en 1290. Ce fut à Charles de Valois que la ville d'Alençon dut son échiquier, cour souveraine où les intérêts des trois ordres étaient débattus librement sous la présidence même du comte.

La conduite politique de ce comte d'Alençon ne fut pas exempte de blâme ; mais si, par sa cupidité, son ambition et son avarice, il contribua aux malheurs dont le royaume fut frappé sous la minorité du fils de Philippe le Bel ; s'il fut le persécuteur et enfin l'injuste accusateur d'un des plus grands hommes d'État de l'époque, d'Enguerrand de Marigny, il sut expier, avec cette humilité que la foi catholique seule peut donner aux potentats, par une pénitence publique, le crime d'avoir fait traîner l'un des meilleurs citoyens de la France aux fourches patibulaires de Montfaucon (3).

Charles II, surnommé le *Magnanime*, succéda à son père dans le titre de comte d'Alençon. Tous les historiens s'accordent à rendre hommage aux vertus de ce prince qui prit une part active à toutes les grandes affaires du royaume, et qui y apporta un talent et un zèle qu'on ne rencontrait pas toujours chez les grands seigneurs de ce siècle. Charles assista au sacre de Philippe de Valois, son frère, en 1328 ; il contribua au gain de la bataille de Mont-Cassel contre les Flamands, quelque temps après, et y fut blessé à la tête de la noblesse française. En 1330, les Anglais se répandirent dans la Saintonge et prirent Saintes. Le roi l'envoya dans cette province en qualité de son lieutenant général.

Le comte d'Alençon rassemble une armée, court aux Anglais, les bat dans trois rencontres, prend d'assaut le château de Saintes, et passe au fil de l'épée la garnison : la province est délivrée, et le drapeau de la France remplace, sur les clochers de la Saintonge, le léopard d'Angleterre. Le comte d'Alençon fut grièvement blessé dans cette expédition, mais il écrivit à son frère en lui annonçant sa victoire :

« Je suis moult blessé ; mais pour tierce et quintuple blessure de sagette ou d'engin, je voudrois pouvoir occire d'un seul coup les ennemis de votre majesté et de notre chère France. Vous savez que ma vie est à elle et à vous. »

Un si noble langage devait être suivi d'un beau trépas. A la funeste bataille de Crécy, en 1346, le comte d'Alençon, après avoir fait des prodiges de valeur, tomba percé de coups en criant à ses gens d'armes qui voulaient le relever tout sanglant : *« Sauvez le roi, vengez la France, et laissez-*

moi mourir. Un champ de bataille est le plus beau lit de mort d'un prince français.....»

Son fils Charles III de Valois, onzième comte d'Alençon, lui succéda; mais d'un caractère doux et pacifique, il rejeta bientôt le fardeau du gouvernement, abandonna le comté d'Alençon à Philippe III, son frère, et entra dans un monastère, d'où il ne sortit que pour être sacré archevêque de Lyon en 1365. Philippe III prit possession de son comté en 1360, pour s'en démettre sept ans après, 1367, en faveur de son frère Pierre II de Valois, treizième comte d'Alençon. Sa mort arriva le 20 septembre 1404.

Ce comte Pierre, *bon ménager et brave jusqu'à la témérité*, disent les vieilles chroniques, *ne se mêla aux troubles de son temps que pour les apaiser et refréner*. Il combattit vaillamment à la bataille de Poitiers, 1356, et soutint avec une poignée de gentilshommes dévoués la retraite ou plutôt la déroute de l'armée. Le comte d'Alençon fut envoyé en otage en Angleterre, et y resta jusqu'à la mort du roi Jean, en 1368. A son retour en France, il continua à guerroyer contre les Anglais, à qui il avait voué une haine éternelle, et marcha presque toujours avec le connétable du Guesclin, qu'il appelait *son ami*. Ce trait suffit à l'éloge de Pierre. Le comte d'Alençon, que les gens de guerre et le peuple nommaient Pierre le Loyal, fut blessé au siége d'Hennebon, et forcé de quitter les armes, il se retira dans son château d'Argentan, où il mourut le 20 septembre 1404, entouré des soins que lui prodiguait sa pieuse et tendre fille Jeanne, qui, comme lui dans les dernières années de sa vie, avait consacré une portion de ses grands revenus au soulagement des pauvres et à la protection des arts (4).

Jean, son fils aîné, lui succéda dans son comté d'Alençon. Doué d'une belle âme, d'un sens droit et d'une grande prudence, il fut surnommé le *Très-Sage*, et sa conduite ne démentit pas ce titre que le peuple lui décerna. Sous le faible gouvernement de Charles VI, Jean embrassa le parti du duc d'Orléans, car ce parti semblait être celui de la France, et y fit preuve de modération et de sagesse. Jean fut tué à la terrible journée d'Azincourt, en 1415, chargeant intrépidement à la tête de ses hommes d'armes.

Peu de temps avant cette fatale bataille, Charles VI, pour reconnaître les services et le dévouement de Jean, avait érigé le comté d'Alençon en duché. « Nous ne pouvions rémunérer d'une manière plus éclatante, dit Charles VI dans ses lettres patentes, le mérite, les grandes actions et la fidélité de cette famille, qui, depuis le règne de notre prédécesseur Philippe de Valois, n'a cessé de donner à l'Etat et au trône des gages d'un dévouement sans bornes et d'un courage sans égal... »

Pierre scella donc de son sang, à la bataille d'Azincourt, le brevet de la nouvelle dignité qu'il avait obtenue, et consacra ainsi par une mort glorieuse la couronne ducale qu'il laissait à son héritier.

Cet héritier fut Jean II du nom; il atteignait à peine sa sixième année lorsqu'il perdit son père. Jean resta jusqu'à vingt-cinq ans sous la tutelle de sa mère Marie de Bretagne, qui lui fit épouser Jeanne, fille du duc d'Orléans et de madame Isabelle de France.

Jean hérita de la haine de son père contre les Anglais. A peine en état de porter les armes, le jeune comte d'Alençon signala contre eux son impétueuse valeur; mais fait prisonnier à la bataille de Verneuil, les Anglais, dès ce temps-là déjà commerçants et spéculateurs, ne voulurent lui rendre la liberté qu'à un prix exorbitant; ils exigèrent 200,000 salus d'or (plus de 300,000 francs) pour sa rançon. La somme était d'autant plus considérable que ces mêmes Anglais l'avaient dépouillé de ses domaines et de ses terres, et avaient vendu ou pillé ses hôtels et châteaux. Mais l'amer ennui que lui causait sa captivité était tel, qu'il écrivit à ses intendants et majordomes de réaliser cette somme au plus vite. Perceval de Caigny, dans l'histoire qu'il nous a laissée de ce prince, dit : « Dans sa prison il lui souvenoit de très-grands griefs, dommages et extorsions que les anciens ennemis de ce royaume ont faits longtemps et par plusieurs fois à l'hôtel d'Alençon, dont il est chef et seigneur; comme on avoit mis à mort son bisaïeul à la bataille de Crécy, en Picardie, et moult grièvement navré et blessé son aïeul qui tenoit le siége devant Hennebon, en Bretagne, et mis à mort son père à la journée d'Azincourt, et lui déshérité par les pilleries et énormités desdits Anglois, il ne lui challoit (il lui importait peu) à quel prix on vendît ne mevendît ses meubles ni ses héritages, afin qu'il pust sortir et échapper des mains de ses ennemis. »

Jean II, redevenu libre, reprit son cher comté d'Alençon, grâce à l'attachement des bourgeois d'Alençon, qui lui ouvrirent les portes de leur ville et qui lui facilitèrent l'entrée du château. Mais par une de ces inconséquences si fréquentes dans ces tristes époques de déchirements civils, ce même Jean, croyant avoir à se plaindre du roi de France, s'unit à ces mêmes Anglais qu'il haïssait si profondément, et s'apprêta à faire la guerre à son pays. Trahi par son aumônier, qui avait été le principal conseiller de sa défection, il fut pris, jugé par la cour des pairs, présidée par le roi en personne dans la ville de Vendôme, et condamné à mort le 10 octobre 1458. Le roi lui fit grâce de la vie et se contenta de le retenir au château de Loches, où il demeura prisonnier jusqu'au mois de septembre 1461, que Louis XI, monté sur le trône et auquel il avait rendu quelques services étant dauphin, lui rendit la liberté et lui restitua ses biens, honneurs et dignités.

Mais poussé par je ne sais quelle fatalité, Jean, toujours mécontent, fut un des premiers à arborer contre son roi et son bienfaiteur l'étendard de la révolte dans la guerre dite du *bien public*. Il se ligua avec Charles, frère de Louis XI, les ducs de Bourgogne, de Bourbon, de Berry et de Nemours, les comtes de Charolais, d'Armagnac et d'Albret, et pour gage de sa félonie il livra le château d'Alençon à Jean de Laval, lieutenant général de Charles de France, duc de Normandie.

Après l'accord de Louis XI et de son frère, le duc d'Alençon, qui avait participé au pardon général, rentra dans le château d'Alençon ; Louis XI l'en fit expulser par le comte de Lude. Ce fut alors que Jean, toujours faible et toujours mal conseillé, proposa au duc de Bourgogne de lui vendre ses terres, forteresses et châteaux. Louis XI, instruit de cette criminelle négociation, fit enlever le duc d'Alençon par Tristan l'Hermite, prévôt de l'hôtel, le 22 septembre 1477, le fit renfermer de nouveau au château de Loches, et envoya, le 7 août suivant, le patriarche de Jérusalem, évêque de Bayeux, le bailli de Rouen et maître Jean Jouvelin, correcteur des comptes de Paris, pour prendre possession, au nom du roi, de la ville et du duché d'Alençon. Ces commissaires reçurent le serment des magistrats et des bourgeois.

Le duc Jean II mourut en 1479.

Il est à remarquer que ce fut Jean II, duc d'Alençon, qui présenta la Pucelle d'Orléans à Charles VII, et présagea ainsi la délivrance de la France.

L'illustre historien de Thou s'exprime ainsi dans sa Chronique manuscrite sur le comte d'Alençon Jean II :

« Premièrement, il fut l'un des grands et beaux personnages qui fut de son temps, de quelque état et condition qu'ils pussent être ; bien formé de tous ses membres, si que il n'étoit trouvé homme de meilleure proportion qu'il étoit, et avoit le visage de couleur brune. Secondement, il avoit la langue diserte, et étoit affable plus que nul autre prince, ayant la parole grosse. Tiercement, il étoit homme de cœur, et hardy aux armes. Quartement, il étoit libéral plus que nul autre, en faisant distribuer ses biens aux pauvres et riches indifféremment, savoir : aux pauvres pour subvenir à leurs nécessités, et aux riches pour de lui leur donner connoissance ; mais étoit vindicatif. »

Cette dernière appréciation du judicieux de Thou explique mais ne justifie pas les coupables erreurs du duc d'Alençon.

Le fils de ce prince, qui s'était montré affectionné à Louis XI (5) dans la guerre du *bien public*, fut jugé digne, par ce monarque, de succéder plus tard aux terres, biens et honneurs de son père. La fidélité du duc recevait ainsi un magnifique salaire. René ne jouit pas longtemps de sa haute fortune, et mourut en 1492, laissant son duché à son fils, Charles III, qu'il avait eu de madame Marguerite de Lorraine, son épouse.

Le jeune duc Charles d'Alençon montra de bonne heure tout ce qu'on pouvait attendre d'un noble cœur et d'un noble caractère dirigés par une bonne éducation. Il fit les délices de la cour en même temps qu'il fut l'idole de l'armée, dont il conquit l'amour par sa brillante valeur.

Charles épousa madame Marguerite d'Angoulême ou de Valois, sœur du roi François Ier, et n'en avait point eu d'enfants, lorsque, échappé de la bataille de Pavie, il mourut à Lyon, le 11 avril 1525, de regret des calamités de la ruine de la France et de la captivité du roi son beau-frère, qu'il aimait, et dont il était tendrement aimé (6).

Mais l'histoire, qui ne doit tenir compte aux princes de leurs brillantes qualités qu'autant qu'elles auront tourné à l'avantage général, ne doit pas hésiter à flétrir la conduite du duc d'Alençon à la bataille de Pavie. Par sa coupable apathie, par son opiniâtre résistance aux ordres successifs du général en chef et du roi lui-même, il neutralisa un corps de troupes de six mille hommes qu'il commandait, en manœuvrant sans utilité sur le flanc gauche de l'ennemi. Ses regrets profonds et tardifs, sa mort douloureuse, prouvèrent qu'il n'était point un traître, et que l'outrecuidance était son unique crime. Mais la défaite de l'armée française n'avait pas moins été le résultat de sa faute, et François Ier, captif de Charles-Quint, et s'écriant : *Tout est perdu, fors l'honneur!* condamnait le duc d'Alençon aux yeux de la postérité.

Trois cents ans après, un maréchal de France, illustre jusque-là par ses beaux faits d'armes, faisait perdre également une bataille décisive, dans les champs de la Belgique, par une conduite pareille. La sublime réponse de Cambronne : La garde meurt et ne se rend pas! est due, comme le cri héroïque de François Ier : Tout est perdu, fors l'honneur! à l'aveugle insubordination, à la quiétude déplorable d'un capitaine renommé.

Après la mort du duc Charles, décédé sans hoirs, le roi fit saisir les duché d'Alençon, comté du Perche et autres terres, comme prétendant le tout être réuni à la couronne par défauts d'hoirs mâles. Les héritiers collatéraux prétendaient que, suivant la loi générale du royaume, *le mort saisit le vif son plus prochain habile à lui succéder*, et que si le roi prétendait quelque droit sur la succession du défunt, il devait venir par simple action. Au fond, que les duché d'Alençon et comté du Perche n'avaient jamais été délaissés par les rois aux comtes par la loi et condition d'apanage, mais en pleine et absolue propriété. La cause fut appointée au conseil, depuis instruite, et le jugement poursuivi plusieurs années. Enfin, sous Henri II, le roi voulant user de grâces vers lesdits héritiers, qui étaient le duc de Vendôme et le marquis de Montferrat, délaissa à M. de Vendôme, *pour tout droit* en ladite succession du duc d'Alençon, la terre et baronnie de Châteauneuf en Thimerais et Champroud ; et audit Louis de Gonzagues, prince de Mantoue, Senonches et Bresolles, lesquelles terres furent depuis érigées en principautés sous le nom et titre de Mantoue, pour tenir par lesdits seigneurs de Vendôme et de Montferrat, icelles terres en tous droits et honneurs. Henri II est surpris par la mort, et Charles IX signa cette transaction en 1563. La veuve de Charles, duc d'Alençon, et Henri d'Albret, son second mari, jouissaient par droit de douaire du comté du Perche; mais à la mort de Marguerite d'Orléans, qui arriva en 1549, le tout fut réuni au domaine de la couronne de droit et de fait. Le duché d'Alençon et le comté du Perche furent livrés par le roi Charles à Catherine de Médicis, sa mère, tant pour assignat de son douaire, dot, qu'en bienfait. En 1566, Catherine les abandonna, et on les bailla en apanage à François de Valois, frère du roi, à la charge ordinaire qu'au défaut d'hoirs mâles, le tout retournerait à la couronne.

Voici en quels termes Brisset, bénédictin de la congrégation de Saint-Maur, rapporte le retour du duché d'Alençon au roi au commencement du seizième siècle :

« Par arrêt du parlement de Rouen, de 1525, le duché d'Alençon retourna à la couronne. Mais Marguerite de Valois, veuve de Charles et sœur de François Ier, ayant épousé en secondes noces Henri II, roi de Navarre, reçut du roi de France, en 1526, l'usufruit de l'apanage de son premier mari. Marguerite fixa sa résidence habituelle dans son duché d'Alençon, y cultiva les lettres, y fit fleurir les arts, et, au milieu d'une cour dont elle était l'idole et l'ornement, traça ces charmantes nouvelles qui, sous le titre de *Nouvelles de la reine de Navarre,* fournirent à l'inimitable la Fontaine quelques-uns de ses plus jolis contes.

» Marguerite mourut en 1549. Le duché d'Alençon revint à la couronne, à laquelle il fut annexé pendant dix ans. Ce fut pendant cet espace de temps que Henri II érigea un présidial à Alençon. La mort tragique et prématurée de Henri II vint encore changer les destinées du duché. François II, cédant aux instances de Catherine de Médicis, sa mère, lui abandonna, pour la remplir de son douaire, le duché d'Alençon et le comté du Perche. Cet abandon date du 20 décembre 1559.

» Charles IX, parvenu au trône, exigea de sa mère, Catherine, le retour du duché d'Alençon à la couronne. La reine mère le rendit en effet, et le 8 février 1566, Charles IX le donna en apanage à son frère François de Valois, âgé de douze ans, qui devint alors septième duc d'Alençon. »

La ville d'Alençon fut le théâtre, pendant cette triste période des guerres de religion, de plusieurs événements tragiques. En 1568, le comte de Montgommery vint piller les catholiques du duché d'Alençon, logea dans le château bâti par ses ancêtres ; mais maintint parmi ses troupes casernées dans la ville, une exacte discipline par respect pour la mémoire de l'illustre Roger de Montgommery, son aïeul. Quelques années auparavant, en 1562, les protestants avaient outrageusement saccagé les églises du duché et levé de fortes contributions sur les plus riches catholiques.

Le massacre de la Saint-Barthélemy, à Paris, encouragea les catholiques du duché d'Alençon à prendre leur revanche sur les protestants. Déjà le peuple s'armait et désignait ceux qui devaient tomber sous ses coups, lorsque Matignon, gouverneur de la ville, accourut de son château de Lourins, et prit des mesures si efficaces et si sages, que les protestants en furent quittes pour la peur.

François, duc d'Alençon, fatigué de la contrainte qui lui était imposée à la cour de Henri III, s'évada de Fontainebleau en septembre 1575, et se réfugia dans la capitale de son duché ; bientôt il réunit autour de lui une armée de vingt mille hommes, et dicta à la cour des conditions en faveur des protestants. Ce fut vers ce temps, en 1576, que le roi de Navarre, depuis Henri IV, vint à Alençon jurer solennellement de soutenir et de servir le protestantisme. François retourna à la cour de Henri III, mais sa sûreté se trouvant compromise, il revint de nouveau dans sa chère ville d'Alençon, qu'il anima par des fêtes, des bals et des tournois offerts à la reine de Navarre, sa sœur, et à la reine mère. Ce duc, enfin appelé par les Flamands au duché de Flandre, quitta Alençon, et revint mourir à Château-Thierry, le 20 juin 1584.

Après la mort de François, le duché d'Alençon fut réuni à la couronne. Alençon et ses alentours devinrent alors le théâtre des opérations militaires des trois principaux chefs catholiques et protestants : le duc de Montpensier, gouverneur de la Normandie ; Mayenne, chef des ligueurs ; et le roi de Navarre, général des protestants.

Henri IV, par une de ces fâcheuses extrémités dont son règne offre tant d'exemples, fut obligé, pour payer les dettes que la guerre lui avait fait contracter, de vendre, en 1605, le duché d'Alençon au duc de Wurtemberg. Mais Marie de Médicis, sa femme, trois années après son veuvage, remboursa le Wurtembergeois, et reçut de Louis XIII, son fils, le titre de huitième duchesse d'Alençon. Il n'est point hors de propos de remarquer ici que Marie de Médicis se retira au château d'Alençon lors de sa première brouille avec son fils, et que les préparatifs de guerre et de résistance qu'elle fit dans le duché forcèrent le roi d'envoyer contre elle le marquis de Créquy pour la soumettre par la force. Marie sortit de France, et laissa tacitement le gouvernement de son duché à Louis XIII. Le monarque, conseillé par le cardinal de Richelieu, se hâta de profiter de cette vacance, et établit à Alençon une généralité et une intendance, en 1636. A la mort de Marie de Médicis, arrivée à Cologne, le duché d'Alençon resta indivis entre Louis XIV et son oncle Gaston, duc d'Orléans. Le 15 mars 1646, Gaston obtint pour sa part dans la succession de Marie de Médicis, le duché d'Alençon, dont il fut le neuvième duc. Gaston mourut en 1660, et Louis XIV laissa la veuve, Marguerite de Lorraine, jouir en douaire du duché d'Alençon; mais le roi révoqua bientôt cette faveur, et transporta le titre et l'apanage à la seconde fille de Marguerite, appelée Élisabeth d'Orléans ou mademoiselle d'Alençon, et plus connue encore sous le nom de madame de Guise, neuvième duchesse d'Alençon. A la mort du duc de Guise, la duchesse d'Alençon fixa sa résidence habituelle dans sa capitale, et la ville d'Alençon redevint ce qu'elle avait été dans les beaux jours de la reine de Navarre, sœur de François Ier, et de François de Valois, frère de Charles IX.

La duchesse de Guise mourut à Versailles en 1696, et avec elle Alençon vit s'éclipser sa splendeur, son éclat et ses charmes. Administrée par les gens du roi, puisque le duché était retourné à la couronne, cette capitale si coquette, si gracieuse et si galante, ne fut plus qu'une ville de province du troisième ordre, sans luxe, sans autorité publique et sans puissance intellectuelle. Par la suite même, les princes, ses possesseurs fictifs, n'en obtinrent qu'un modique revenu : tels furent Charles de France, duc de Berry, petit-fils de Louis XIV, qui le reçut en apanage en 1710, et mourut en 1714, et Louis-Stanislas-Xavier, Monsieur, comte de Provence, frère de Louis XVI, depuis Louis XVIII, qui reçut en supplément d'apanage, au mois de décembre 1774, le duché d'Alençon, que la mort de Charles de France, duc de Berry, avait fait retourner à la couronne. Louis-Stanislas-Xavier fut donc le treizième et dernier duc d'Alençon.

A la révolution, le duché d'Alençon fut soumis

comme toute la France au nouveau système territorial, et prit le nom de département de l'Orne.

Ce titre glorieux reparaît pour nous après un demi-siècle d'intervalle. Il reparaît avec ses souvenirs de fautes comme leçons; de splendeur, de fidélité, de dévouement patriotique comme exemples. Un jeune prince, un de ces jeunes soldats couronnés qui doivent défendre un jour, comme leur auguste aïeul et leur père, l'indépendance et la liberté de la patrie, est appelé à restituer à ce noble titre son auréole de gloire et son étincelante immortalité.

Duc d'Alençon, doux et charmant rejeton d'un héros qui a cueilli les palmes africaines, non loin de la plage où expira Louis IX, votre saint et sublime aïeul à tous, n'est-il pas vrai que comme votre grand-père, comme votre père, comme votre oncle dont la perte prématurée arrache encore à la France des cris de douleur et d'angoisse, comme tous les princes de votre bien-aimée famille, vous serez un de nos premiers citoyens et un de nos premiers soldats? N'est-il pas vrai que, soutien d'un trône dont vous occupez les degrés, vous ne cesserez jamais d'aimer et de défendre ce prince orphelin qui doit être un jour votre roi et le nôtre, ce nouveau Joas dont la main de Dieu a frappé le berceau, mais dont il bénira le diadème, car à ce diadème sont attachées la félicité et la splendeur d'une grande nation ?

Oui, duc d'Alençon, vous réaliserez un jour envers la France toutes les espérances que votre illustre origine lui a fait concevoir. Le titre régénéré par vous de duc d'Alençon s'associera à tout ce qui est grand, noble, utile et glorieux pour la patrie, et à vos vertus on reconnaîtra le sang généreux, l'âme magnanime du sage monarque qui règne depuis quatorze ans sur le cœur des Français.

NOTES.

(1) Ludovicus Dei gratiâ Francorum rex. Notum facimus omnibus tàm præsentibus quàm futuris, quod nos Petro, filio nostro, et hæredibus suis de corpore suo donavimus et assignamus pro portione terræ ea quæ inferiùs annotantur, post decessum nostrum tenenda et possidenda, videlicet *Mauritaniam*, *Manuas*, *Bellissimum*, *Petrariam*, cum nemoribus et pernitentiis omnibus eorumdem in feodis et domaniis, et totum id quod habemus in *Comitates Perticensi*, et insuper quidquid habemus et possidemus in comitatu *Alenconii*, videlicet *Alenconium*, Esseium cum forestis, juribus, magna justitia, quæ dicitur *placitum ensis* et aliis eorum pertinentis in feodis et domaniis sicut ea possidemus in comitatu prædicto. Et hæc omnia suprà dicta tenebunt idem Petrus et hæredes sui in feodum et hommagium ligium ab hærédibus nostris regibus Franciæ, et indè servitia debita reddere tenebuntur eisdem. Hanc autem donationem et assignationem facimus salvis donis, feodis et eleemosynis datis, donationibus et restitutionibus, si quas fecerimus vel fieri ordinaverimus in eisdem, et salvo etiam jure in omnibus alieno. Quos si forte etiam contigerit eumdem filium nostrum vel hæredem suum aut hæredes sine hærede de corpore suo decedere, prædicta omnia ad hæredem seu successorem nostrum quicumque pro tempore regnum Franciæ tenebit, liberè revertantur. Quod ut ratum et stabile permaneat in futurum, præsentes litteras sigilli nostri fecimus impressione munire. Actum Parisiis, anno Domini millesimo ducentesimo sexagesimo octavo, mense martio.

(1 *bis.*) Annexe. L'hommage du duché d'Alençon, comté de

Perche et terres françaises, au roi de France, date du 12 octobre 1461.

(2) Alençon. La ville d'Alençon était déjà, au douzième siècle, une florissante et populeuse cité. Elle possédait sous ses comtes un échiquier, ou parlement au petit pied, assemblée composée des trois ordres où l'on votait librement les subsides à payer au comte, et les levées d'hommes qu'on devait lui fournir. Il nous reste des lettres de Louis XII qui permettent au duc d'Alençon de *faire seoir et tenir son échiquier*, à condition que de trois ans en trois ans icelles lettres seront publiées en la cour du parlement de Paris. De ce même temps existe aussi un arrêt du parlement, portant défense aux baillis d'Alençon et de Chartres de non toucher ne retraire, et non rédiger par écrit les coutumes du Perche et terres françaises.

(3) Frappé, quelques années après le jugement inique d'Enguerrand de Marigny, par une maladie alors inconnue, le comte d'Alençon crut y voir un châtiment du ciel. Il se repentit hautement d'avoir coopéré à la perte de Marigny, et de s'être laissé abuser par la malice et les calomnies des ennemis de l'infortuné surintendant. Par l'ordre du comte d'Alençon, des serviteurs de sa maison allèrent se placer sous le porche de Notre-Dame de Paris pendant trois dimanches consécutifs, distribuèrent aux pauvres d'abondantes aumônes, et crièrent depuis l'heure de la grand'messe jusqu'à l'heure de vêpres : — Priez pour l'âme de monseigneur Enguerrand de Marigny, et pour la guérison de menseigneur d'Alençon. —

(4) Plusieurs hôpitaux furent édifiés et dotés par Pierre, comte d'Alençon, et Jeanne, sa fille. Comme dans ce temps-là les encouragements aux arts étaient intimement liés aux symboles de la foi catholique, et que l'art lui-même n'était que la magnifique expression de cette foi, il ne faut pas s'étonner de voir les princes et les rois construire des églises

et des monastères, où le génie des artistes pouvait seul s'étendre et se révéler. Dans son humilité toute chrétienne, Pierre ne voulut pas de tombeau somptueux, mais il sema son comté de splendides monuments religieux; et de nos jours encore, on admire les débris du portail de l'église des Chartreux du Val-Dieu qu'il fit bâtir. On appelait et on appelle encore ce portail le portail du comte d'Alençon.

(5) René, comte du Perche, fils de Jean II, rendit sans coup férir le château du Perche à Louis XI pendant la guerre du Bien public, ce qui fit dire aux seigneurs assemblés autour du roi : Si le comte du Perche a fait cela, il a montré être fils de son père. Il faut avouer que les seigneurs de ce temps, même les plus fidèles au trône, avaient de singulières idées sur le devoir d'un sujet. Louis XI n'oublia jamais cette conduite du comte du Perche, et lui en manifesta en toute rencontre sa satisfaction et sa gratitude. Louis XI appelait René son *mignon*, et cette dénomination, qui était fort pure dans la bouche de Louis XI, prouvait assez son amitié et sa confiance. Lorsque le monarque tint à Tours les états généraux du royaume, en 1467, il voulut que le comte du Perche se plaçât sur le siége que le duc de Bourgogne devait occuper par droit de naissance et de puissance.

(6) Il avait deux sœurs, issues comme lui de René, duc d'Alençon, et de Marguerite de Lorraine : Françoise et Anne.

Françoise, premièrement mariée à François d'Orléans, duc de Longueville, dont elle n'eut point d'enfant, et depuis à Charles de Bourbon, premier duc de Vendôme, et lui porta en dot la vicomté de Beaumont avec toutes ses appartenances et dépendances, laquelle fut depuis, en sa faveur et de messieurs ses enfants, érigée en duché-pairie, par François Ier, en 1543.

Le mariage fut célébré à Châteaudun, à la Pentecôte 1512, et en est issu Antoine de Bourbon, duc de Vendôme, et roi de Navarre, par madame Jeanne d'Albret, héritière de ladite couronne. D'eux, fut le roi Henri le Grand, et la branche de messeigneurs les princes de Condé, et le comte de Soissons.

Françoise mourut à la Flèche, en 1550.

Anne, la seconde sœur, épousa Guillaume Paléologue, marquis de Montferrat, l'an 1508. Ils eurent Marguerite, qui épousa Frédéric en la personne duquel le marquisat de Mantoue fut érigé en duché. Montferrat accrut Mantoue. D'eux les maisons de Mantoue et de Nevers tirent leur origine.

Marguerite de Valois, veuve de Charles, dernier duc d'Alençon, est célèbre dans l'histoire par son amour pour les lettres et pour la patrie, et son tendre attachement pour son frère.

Deux ans après la mort du duc Charles d'Alençon, en avril 1529, Marguerite de Valois épousa le roi de Navarre Henri d'Albret, dont elle eut deux enfants, Jean et Jeanne. Jean mourut jeune ; Jeanne, demeurée seule héritière de la maison de Navarre, épousa Antoine de Bourbon, fils de Charles, premier duc de Vendôme, et de madame Françoise d'Alençon.

Jeanne d'Albret fut la mère de Henri IV.

Imprimerie de Mme Ve Dondey-Dupré, rue Saint-Louis, 46, au Marais.

[illegible] Dreux, fut [illegible] roi Henri le Grand, et la branche de [illegible] prince [illegible], et le comte de Soissons.

[illegible] réunie à la [illegible] en 16[illegible].

Avant [illegible] comte [illegible], épousa Guillaume d'Aubigné, marquis de Montferrat, l'an 1508, ils eurent Marguerite, qui épousa Frédéric en la personne duquel le marquisat de Mantoue fut érigé en duché. [illegible] Dès lors les maisons de Mantoue et de Nevers tirent leur origine.

Marguerite [illegible] Valois, sœur de Charles, dernier duc [illegible] [illegible]

[illegible]

Henri [illegible] dont [illegible]

[illegible]

Imprimerie de [illegible], rue [illegible], 16, au Marais.

www.ingramcontent.com/pod-product-compliance
Lightning Source LLC
LaVergne TN
LVHW020256230826
846091LV00006B/2436
* 9 7 8 2 0 1 3 2 5 1 0 9 9 *